ARLEUX,

SES

HOMMES REMARQUABLES,

LE FORESTEL,

L'ÉGLISE PAROISSIALE, &c.

PRIX : 50 CENTIMES,

AU PROFIT DES PAUVRES D'ARLEUX.

SE TROUVE A DOUAI, CHEZ Mme V^e **LE MALE**,
LIBRAIRE, PLACE SAINT-PIERRE, 1.

1850

ARLEUX.

Arleux, qui est aujourd'hui un bourg, chef-lieu de canton de l'arrondissement de Douai, situé sur une branche de la Sensée, à 11 kil. de cette ville, et dont la population est de 1,800 habitants, était autrefois ville forte du Cambrésis.

Arleux était appelé anciennement *Alleux*, *Alluex*, *Alux*, *Alloes*, et en latin *Allodium* et *Arlodium*.

On ne trouve rien de satisfaisant, dit M. le docteur Le Glay, sur l'origine de cette ville, qui était déjà florissante au XI° siècle.

« Elle se glorifiait, dit Jean Carpentier, de ses murailles et de ses tours qui sembloient la pouvoir conserver dans une tranquillité durant plusieurs milliers d'années ; mais il faut qu'elle confesse que, pour avoir esté forte, elle n'estoit pas des plus assurées, et que ses pierres, pour n'avoir peu résister au feu, n'ont pas esté presque plus durables que ses habitants, et qu'on pourroit aujourd'huy moissonner sur la plupart de ses édifices. »

Arleux, long-temps possédé par la maison d'Oisy, passa à celles de Montmirel et de Coucy. Il fut cédé par Enguerrand de Coucy, quatrième du nom, en 1272, à Marguerite, comtesse de Flandre, puis à Guy de Dampierre, son fils, qui le donna à Guillaume, son second fils, lequel le possédait en 1282. Celui-ci le céda à Robert, son frère aîné, en 1286, et Robert le transporta à Jean de Flandre, son neveu, fils puîné du même Guillaume, qui en jouissait en 1313. En 1337, Béatrix de Châtillon, veuve de Jean de Flandre, échangea Arleux, dont elle avait le douaire, avec Philippe de Valois, roi de France, contre d'autres domaines. Jean de France, duc de Normandie, fils aîné du roi, prêta foi et hommage pour la terre d'Arleux à l'évêque de Cambrai, le 9 mai 1340. Charles, dauphin, régent du royaume pendant la captivité du roi Jean, fait prisonnier à la bataille de Poitiers, donna l'an 1358, à Louis, comte de Flandre, la terre d'Arleux. En 1369, le roi Charles V ayant marié la princesse Marguerite, fille unique de Louis, comte de Flandre, avec Philippe, duc de Bourgogne, son frère, céda au comte de Flandre Lille, Douai et Orchies, et reprit Arleux. Ce domaine fut encore cédé par la paix d'Arras de 1435 à Philippe-le-Bon, duc de Bourgogne, et racheté en 1463. En 1465, le comte de Charolais envoya Jean de Longueval, capitaine des archers d'Antoine, bâtard de Bourgogne, se saisir d'Arleux, que Louis XI lui céda ensuite par le traité de Conflans du 5 novembre de la même année. Cette terre était possédée vers 1545 par Maximilien de Bourgogne, marquis de Lavère; elle sortit ensuite de cette maison, et passa de celle de Ricamez dans celle de Bergues, qui en jouissait à la révolution de 1789.

Arleux est la patrie du célèbre Merlin, *dit* Merlin de Douai, connu par ses immenses travaux en jurisprudence.

MERLIN (Pierre-Antoine), successivement avocat, membre et président du pouvoir exécutif, ministre de la justice, procureur-général à la Cour de Cassation, conseiller-d'Etat à vie, commandeur de la Légion-d'Honneur et de l'ordre de la Réunion, membre de l'Institut et comte de l'Empire, fut incontestablement le plus savant et le plus profond jurisconsulte de son temps. Il naquit à Arleux le 30 octobre 1754, il était fils d'un fermier de cette commune. Les religieux de l'abbaye d'Anchin le prirent en affection et le firent étudier à Douai dans le collége qu'ils y avaient fondé. Il profita si bien de leurs soins, que dès 1775 il fut reçu avocat au Parlement de Flandre.

Le bailliage de Douai députa Merlin aux États-Généraux en 1789. Nommé ensuite président de l'un des douze tribunaux de Paris, il fut rappelé dans le Nord pour y exercer les fonctions de président du tribunal criminel de ce département. Il était à peine revenu à Douai depuis un an, lorsqu'il fut député à la Convention. Merlin y figura d'abord dans le parti modéré, mais il oublia bientôt les bons principes qu'il avait puisés chez ses bienfaiteurs d'Anchin, et eut la faiblesse de céder aux circonstances en coopérant par son vote à la mort de l'infortuné Louis XVI. Merlin fut aussi un des auteurs de la *loi des suspects*. Là ne s'arrêtèrent pas encore ses égarements : l'histoire des naufragés de Calais atteste ce que l'homme devient quand il a le malheur de se laisser dominer par les idées révolutionnaires. Le 14 novembre 1795, de malheureux émigrés français, fuyant la terreur républicaine et le couteau de la guillotine, échouaient sur la côte de Calais, et Merlin, consulté sur la question de savoir s'il fallait appliquer à des hommes jetés par la tempête sur les rivages de France, une loi qui punissait de mort les Français émigrés pris les armes à la main, ou qui rentraient volontairement, répondait avec un froid laconisme : *Partout où je trouve mon ennemi, je le tue !...* Il fallut toute l'énergie et le courage de M. Gosse de Gorre, accusateur public au tribunal criminel de Saint-Omer (1), connu par ses lumières, son esprit et ses talents, et qui osa résister en face au ministre de la république, pour arracher à une mort certaine trois cents victimes de la Terreur, parmi lesquelles se trouvaient plusieurs personnages de haute distinction, entr'autres MM. de Choiseul, de Montmorency, de Vilbraye, un neveu de M. de Montlosier, etc. Encore M. Gosse alla-t-il expier dans les cachots son courage et son dévouement. La chûte de Robespierre le rendit à la liberté, au moment où il allait être déporté à Sinnamary.

(1) Aujourd'hui président honoraire à la Cour d'appel de Douai.

Quant aux naufragés de Calais, tour-à-tour transférés de Saint-Omer dans les casemates de la citadelle de Lille, puis dans les cachots du fort de Ham, ils éprouvèrent quatre grandes années de tortures, de dangers et d'angoisses, et ne furent délivrés des fers qu'au retour du général Bonaparte de l'Egypte, à la suite d'une lettre touchante que lui écrivit l'angélique fille de M. de Choiseul, devenue depuis Mme de Marmier, alors à peine âgée de 14 ans. Un des principaux considérants de l'arrêté des consuls qui ouvrit les portes de la prison aux naufragés de Calais, portait : « Qu'il était hors du droit » des nations policées de profiter de l'accident d'un » naufrage pour livrer, même au courroux des lois, » des malheureux échappés à la fureur des flots (1). »

Enfin la révolution se calma un peu ; la mort de Robespierre permit à la France de respirer. Merlin, revenu à de meilleurs sentiments, épouvanté lui-même de la chûte affreuse qu'il avait faite en suivant la pente révolutionnaire, mit beaucoup d'énergie à faire fermer le club des Jacobins ; il montra aussi de la fermeté en opérant l'épuration du tribunal révolutionnaire.

Sous le Directoire, Merlin fut nommé ministre de la justice. Sous le Consulat et sous l'Empire, il ne fut plus occupé que de la législation de la France. En 1801, il avait été nommé procureur-général près la Cour de Cassation ; il y demeura jusqu'en 1814.

A cette époque, il fut destitué de ses fonctions, qu'il reprit pendant les Cent-Jours. Compris à la rentrée des Bourbons, dans l'ordonnance qui bannissait du territoire français les régicides, il se réfugia d'abord en Belgique ; mais ce pays, comme l'Angleterre et la

(1) Le *Mémorial de la Scarpe*, journal de Douai, dans son n°. du 25 août 1843, a publié une histoire détaillée sur les naufragés de Calais et M. Merlin, d'après des documents officiels obligeamment communiqués par M. Gosse de Gorre lui-même.

Prusse, refusa de le recevoir ; il s'embarqua alors avec sa famille pour les Etats-Unis, à bord du navire l'*Alice*; mais il faillit périr près de Flessingue , le 24 février 1816 : une tempête affreuse entr'ouvrit le navire qu'il montait ; il échappa à la mort comme par miracle. Rejeté sur la terre d'Europe, il dut invoquer pour lui-même, par une disposition frappante de la Providence, le *bénéfice de la tempête*, dont il avait voulu abuser autrefois pour les malheureux naufragés de Calais. Il fut néanmoins exaucé, le roi des Pays-Bas accueillit le banni : Il laissa vivre Merlin dans ses états, sous un nom supposé.

A la révolution de juillet 1830, Merlin rentra en France. Il y resta étranger à toutes fonctions publiques et ne reprit que son siège à l'Académie des sciences morales et politiques. Bientôt après il fut frappé de cécité ; ses forces déclinèrent pendant quelques années , et il s'éteignit à Paris le 26 décembre 1838, âgé de 84 ans , dans des sentiments chrétiens (1).

———

Arleux s'honore à juste titre d'avoir vu naître M. le docteur LE GLAY, archiviste-général du département du Nord, l'un des hommes les plus savants dont se glorifie la France , auteur de nombreux ouvrages où le talent d'écrire se montre toujours uni à une vaste érudition et à un goût très-éclairé. Ajoutons que M. le docteur Le Glay est aussi modeste que capable, et que la religion comme la science peuvent revendiquer en lui un de leurs soutiens les plus fervents comme les plus dévoués.

———

(1) Les personnes qui voudraient avoir une notice détaillée sur les travaux de M. Merlin, peuvent consulter la *Galerie Douaisienne*, par M. DUTHILLŒUL , bibliothécaire de la ville de Douai ; pages 285 à 291. In-8°, 1844. Douai, Adam.

LE FORESTEL.

Les seigneurs d'Arleux avaient bâti dans leur domaine un château très-fort, que les rois de France firent servir de prison d'état, et que l'on nommait *le Forestel*. Charles II, dit le Mauvais, roi de Navarre, y fut détenu plus de deux ans.

« Ce château (1), situé dans la vallée marécageuse que baigne la Sensée, au sud-est d'Arleux et au nord de l'abbaye du Verger, était un des plus inaccessibles et des plus solides donjons que possédassent au moyen-âge les provinces de Flandre, d'Artois, de Hainaut et de Cambrésis. C'était en effet une admirable position pour cette forteresse que ces immenses marais qui s'étendent depuis l'Abbaye-du-Verger jusqu'à Ecourt-Saint-Quentin, embrassant en longueur et en largeur une superficie de plusieurs lieues; marais parsemés de tourbières, d'étangs larges et profonds, de torrents et de ravins dissimulés par de grandes herbes, et au milieu desquels le Forestel se trouvait jeté comme un nid de canard sauvage. Quand des hauteurs d'Oisy, de Bugnicourt ou de Cantin, on portait les yeux sur les marais, l'âme se resserrait tristement à l'aspect de cette lourde masse de pierres, flanquée de tours, semblant sortir des eaux et se détachant sur un horizon presque toujours gris et brumeux. Si l'on s'approchait du Forestel, on n'apercevait que des murailles de grès verdies par le temps, sans aucuns détails d'architecture gothique qui rendaient les édifices de cette époque si pittoresques. Là, point d'élégantes tourelles à balcons historiés, point de portiques à griffons, à palmettes, à

(1) *Scènes Historiques Flamandes (Charles-le-Mauvais, 1356,)* par M. Edouard LE GLAY, sous-préfet, auteur de plusieurs ouvrages estimés, chevalier de l'ordre de Léopold, etc., fils de M. l'archiviste-général du Nord. Lille, Vanackère, 1841, in-18, pages 89 et suiv.

colonnes tordues; point de cariatides aux toits ; aux
fenêtres point de trèfles, de vitraux coloriés, enfin nul
vestige de ces ravissantes créations artistiques volées par
nos ancêtres à l'imagination orientale. Une voûte ogi-
vale, percée entre deux tours, donnait accès dans l'intérieur du Forestel. Il fallait toutefois, pour y arriver,
traverser préalablement une longue jetée coupée par
deux ponts-levis, le premier sur la Sensée, à une portée
d'arbalète de l'entrée, et le second sur un fossé dont
l'eau entourait le donjon de toutes parts et en baignait
les murs. A l'intérieur, c'étaient des bâtiments en bri-
ques dont l'aspect froid et sévère s'harmoniait parfaitement avec celui de la partie externe du château. Une
tour carrée fixait seule l'attention dans cette cour ; elle
était fort élevée, percée d'étage en étage de fenêtres ou
plutôt de barbacanes grillées par d'énormes barreaux
de fer. »

Les Français s'emparèrent en 1645 du château d'Arleux, qui était alors sous la domination de l'Espagne,
et le fortifièrent.

Le maréchal de Villars, établi sur la Sensée, avait
devant lui le Forestel qui gênait beaucoup les alliés ; ils
l'attaquèrent le 26 juin 1711. M. de Crécy, qui veillait
du dehors à sa sûreté, y entra en bateaux et le sauva pour
cette fois. Les alliés y revinrent le 20 juillet avec 20,000
hommes et le prirent. Ils se pressèrent de le fortifier et
couvrirent leurs travailleurs par dix bataillons et douze
escadrons. Le comte de Gassion et le marquis de Coigny
les surprirent le 12 et les battirent ; le poste resta ce-
pendant aux alliés. Villars, profitant d'une marche ré-
trograde qu'ils firent, ordonna au maréchal de Montes-
quiou de les attaquer le 25 juillet, et la place fut em-
portée malgré sa vive résistance. Elle était gardée par
600 hommes qui furent tous pris ou tués. Le maréchal
de Villars fit raser le Forestel et envoya à Cambrai l'artillerie et les munitions qu'il y trouva.

L'ÉGLISE PAROISSIALE.

Nous n'avons pu recueillir aucun renseignement sur l'origine de l'église de Saint-Nicolas à Arleux. Ses archives ont été détruites à la révolution de 93, dans le temps même que les *patriotes* pillaient les riches ornements amassés depuis des siècles dans ce sanctuaire par la piété des fidèles. Les archives communales ont eu le même sort que celles de l'église (1).

Et ici qu'on nous permette une réflexion. Les hommes qui ne parlaient que du *progrès des lumières* étaient précisément ceux qui tentaient de détruire la science jusque dans ses fondements. Après avoir chassé Dieu de ses temples, avoir détruit ces magnifiques basiliques, objets d'éternels regrets, qui attestaient aux générations la foi antique au catholicisme ; après avoir en un mot fait tous leurs efforts pour pervertir le cœur humain par la négation même de la divinité, ils ne trouvaient rien de mieux, dans leur impie calcul, que d'abrutir les intelligences en proscrivant l'instruction, afin qu'au milieu des épaisses ténèbres qu'ils produiraient, leur tâche de désordre et de perversité fût plus facile. Et pour ne parler que de notre pays, qu'étaient devenus cette célèbre et florissante Université de Douai, l'Athènes de la Flandre, ses 19 séminaires, ses 6 colléges, qui étaient comme autant de foyers de lumière où on accourait des 17 provinces des Pays-Bas ? Tout cela avait disparu, c'en était fait de l'instruction en cette contrée pendant douze grandes

---

(1) Dans une *Notice sur les Archives communales du département du Nord*, M. le docteur LE GLAY s'exprimait ainsi sur les archives d'Arleux : « Un des articles de l'inventaire des titres de » ce bourg est ainsi conçu : *Vieux titres en parchemin gâtés* » *et en désordre, qui sont restés à la suite de la révolution de* » *1789.* — Ces titres, que j'ai eu occasion d'examiner dans une » de mes tournées, consistent en actes de ventes, transac- » tions, &c, dont quelques-uns seulement pourraient intéresser » la commune. »

années, si un homme de bien, aussi modeste que savant, ne s'était dévoué tout entier à la jeunesse avec un zèle et une persévérance qui ne se démentirent jamais. De 1797 à 1809, Douai resta uniquement redevable au vénérable M. Fouquay d'immenses services qui resteront gravés en caractères ineffaçables dans la mémoire et dans le cœur de tous ses élèves et de tous les pères de famille qui lui ont survécu et qui lui avaient confié leurs enfants (1).

Nous l'avons dit, les révolutionnaires avaient détruit tout ce qui pouvait éclairer les intelligences et sauvegarder la morale, parce qu'ils craignaient avec raison qu'à la clarté du flambeau de la science et de la religion, leurs monstruosités n'inspirassent tant d'horreur que leur règne de sang fût immédiatement anéanti..... Ainsi de toutes parts, à la voix   ondorcet, qui prononça à la tribune de l'Assem' e Nationale, le 19 juin 1792, un beau discours pour emander que tous les titres existant dans les divers dépôts fussent brûlés par les soins des autorités locales, projet qui, vu l'urgence, fut adopté par l'Assemblée à l'unanimité, une foule de précieux manuscrits et de livres qui enrichissaient les bibliothèques disparurent. A Douai, plus de cent mille volumes

(1) M. Fouquay (Albert-Henri-Joseph), né à Douai, le 9 janvier 1770, décédé en la même ville le 2 juillet 1838. Parmi ses élèves qui se sont distingués dans les diverses carrières où ils sont entrés, nous citerons MM. *Martin* (du Nord), mort ministre de la justice et des cultes ;—le docteur *Le Glay*, archiviste-général du département du Nord ;—le baron Amauri *de La Grange*, colonel d'artillerie en retraite ;—*Nepveur*, mort premier président à Grenoble ; — *Bourriot*, colonel commandant de place en retraite ;—*Dailly*, premier secrétaire d'ambassade ; — *Gautier d'Agoty*, chef de division au ministère des travaux publics ;—le R. P. *Possoz*, supérieur de la maison des Jésuites à Lille ;—*Preux*, premier président honoraire à la Cour d'appel de Douai;—feu le comte *de Guerne*, ancien maire de Douai ; — Adrien *Honoré*, avocat à la Cour d'appel de Douai, ancien maire de cette ville ; — *Dubrulle, Bigant, Minart*, conseillers à la Cour de Douai ;—*Wautier*, ancien directeur du collége La Marche à Paris ; H.-R. *Duthilloeul*, bibliothécaire de la ville de Douai.

et manuscrits, provenant de toutes les communautés religieuses de la ville et des environs et de l'Université, furent entassés pêle-mêle dans les vastes salles aujourd'hui occupées par le Musée, et toutes les fois qu'on avait besoin de papier ou de parchemin, les livres ou les manuscrits du dépôt étaient en quelque sorte à la disposition du premier occupant. Ainsi on envoya à l'Arsenal une grande quantité de volumes *destinés à faire des gargousses pour l'artillerie* !...

Les citoyens gouvernants avaient soin d'établir comme gardiens des dépôts de livres à cette époque, des hommes dont la *science* et la *morale* allaient de pair. Pour en donner une idée, nous citerons quelques lignes d'un rapport adressé à l'administration centrale du département du Nord, par le citoyen *Demonteville*, bibliothécaire de la ville de Douai, le 8 mai 1799 :

« La Bibliothèque est fort bien tenue, les dépôts le
» sont aussi et l'auraient été mieux sans les circonstan-
» ces, qui sont que la commune de Douai ayant été
» mise en état de siège, on fit du Musée une grange au
» blé, et *il fut ordonné d'envoyer à l'Arsenal une im-*
» *mensité de livres.* On fit un triage de livres ; on en-
» voya *ceux inutiles, tels que les Sommes de Saint-*
» *Thomas et autres de ce genre, à l'Arsenal,* et on en
» disposa deux piles de cette espèce ; ces deux piles
» existent encore. Depuis, le citoyen *Demonteville* a
» revisé ces ouvrages qu'elle contient ; *ce ne sont en*
» *général que de mauvais livres,* duplicata *propres à la*
» *beurrière...*

» Il reste à inventorier environ *trente mille volumes*,
» dont les deux tiers n'en valent pas la peine, n'étant
» que *capucinades et rapsodies de théologie*, mille et
» une fois répétées. »

Détournons les yeux de ce triste tableau, que nous n'avons tracé que pour faire voir à quels excès mènent les mauvaises passions , et pour expliquer comment il se fait que tant de localités sont, comme Arleux, dépourvues de leurs archives.

Disons maintenant le peu que nous savons sur l'église d'Arleux.

Une pierre taillée fixée à une jambe de force de l'église porte la date de 1540.

Depuis la construction de l'église jusqu'à la révolution , de nombreuses offrandes avaient multiplié les richesses des vases sacrés et des ornements servant à la décoration des autels; mais il n'y avait point de boiseries, ni d'autels remarquables : l'antique chaire attirait seule par sa belle sculpture les regards des visiteurs (1).

A la suppression des monastères en 1791, la municipalité d'Arleux acheta le buffet d'orgues des Récollets-Wallons à Douai, que l'on plaça dans l'église d'Arleux (2).

A l'époque du Concordat , M. Pierre-Joseph Pitou fut nommé doyen-curé d'Arleux ; il était natif de Berlaimont. Ce pasteur mit beaucoup de zèle à réparer les maux que l'irréligion avait produits dans sa paroisse , qu'il édifia par ses vertus l'espace de 31 ans. Il mourut à 89 ans, le 29 juin 1833.

M. Philippe-Joseph Quiquempois , né à Douai le 27 novembre 1803 , lui succéda le 1er. juillet suivant ; il avait été successivement vicaire d'Arleux le 25 août 1826 , curé de Bévilers le 24 juin 1827 , curé de Viesly le 1er mars 1829.

Comme il ne peut entrer dans notre pensée de blesser

(1) Cette chaire, qui décore encore aujourd'hui l'église, est ornée de figures allégoriques représentant le Bon Pasteur, la Foi, l'Espérance, la Charité, le Sauveur du monde , les évangélistes Saint-Jean, Saint-Luc, Saint-Mathieu.

(2) Le buffet d'orgues, supporté par quatre colonnes, est orné de 13 figures d'anges jouant divers instruments, de celles du roi David et de sainte Cécile. Ce buffet est d'une parfaite exécution.

la modestie ni du pasteur de la paroisse ni des pieuses personnes à qui nous souhaitons mille bénédictions pour le zèle qu'elles ont mis à le seconder dans l'embellissement de la maison de Dieu, nous nous contenterons de mentionner purement et simplement les améliorations successivement opérées dans l'église paroissiale d'Arleux depuis l'installation de M. Quiquempoix.

En octobre 1833, on procéda au plafonnage de l'église.

En 1836, on posa les boiseries avec 88 bancs longeant les murs des deux bas-côtés de l'église.

Les grandes boiseries modernes des autels de la Ste-Vierge et de Saint-Nicolas ont été placées en 1838.

En 1840, Mgr. Belmas, évêque de Cambrai, demanda le buffet d'orgues d'Arleux pour la chapelle du grand séminaire; depuis long-temps cet orgue était hors de service, les tuyaux ayant été volés dans des temps malheureux. Le pasteur ayant fait part de la demande de l'évêque, une souscription s'organisa pour la restauration de l'orgue, afin de le conserver à Arleux; cette souscription produisit 4,500 fr.; M. le facteur Carlier, de Douai, fut chargé des réparations, terminées le 15 août 1841.

En 1841, la cure d'Arleux est érigée en cure de première classe.

En 1844, pavage du chœur, en marbre noir et blanc.

L'année suivante, on fit don des quatre marches en marbre noir du maître-autel.

En 1846, pavage de l'église, en pierres bleues de Tournai. Le gouvernement est intervenu dans ce travail pour une somme de 1,000 fr.

Même année. On pose dans le chœur cinq vitraux de couleur, faits par M. Martel, à Douai. Celui placé derrière le maître-autel représente l'Ascension de Notre-Seigneur. On plaça en même temps des vitraux de couleur aux deux grands châssis de la croix de l'église.

Même année. On pose dans le chœur de l'église les boiseries et les stalles gothiques en bois de chêne. Les stalles, au nombre de dix-huit, sont sculptées, avec ogives; la boiserie, qui a 2 m. 30 c. de hauteur, est ornée de culs-de-lampe disposés pour recevoir de petites figurines de 55 centimètres ; sur le devant se trouvent des prie-Dieu et des pupitres sculptés. Ce travail a coûté 2,044 fr.

La boiserie du fond du chœur est ornée de deux niches où sont placés des saints. Cette boiserie, ainsi que le tabernacle, la croix, les gradins, placés en même temps, sont le fruit d'un don particulier.

1850, août. — On place quatre vitraux de couleur aux bas-côtés de l'église, ce qui, avec la pose prochaine du maître-autel (1), la restauration du grand portail, le remplacement des deux autels latéraux et leurs boiseries, auxquels devront être substitués des autels s'harmoniant avec le style de l'édifice, terminera les grandes réparations et complètera les embellissements de l'église.

Nous devons mentionner le bon état et la convenance des vases sacrés, des ornements sacerdotaux et de ceux servant à la décoration des autels; nous avons aussi remarqué trois bannières brodées, représentant l'Immaculée Conception, Saint-Nicolas et Sainte-Philomène, travail magnifique des religieuses Clairisses de Péronne.

Diverses fondations ont été faites au profit de la fabrique de l'église d'Arleux, à charge de services divins, par M. *Carpentier,* M. et Mme *Machon,* Mmes *Demain, Catherine Cany, Brigitte Dupont.*

Érection de la Chapelle de St-Roch.

Le 4 septembre 1849, en présence des affreux ravages du choléra, une délibération du conseil de la fabri-

(1) Le maître-autel complètera dignement la belle décoration du chœur. Il s'y trouve huit figurines dans des niches surmontées de clochetons, le tout couronné par une corniche où sont sculptées avec beaucoup de délicatesse des guirlandes de feuilles de chardon dentelées. Cet autel, comme les stalles et les boiseries, est l'œuvre du sieur Courmont, entrepreneur à Douai.

que avait décidé qu'en raison du vœu des habitants de
la paroisse, une chapelle en l'honneur de Saint-Roch se-
rait établie sur un terrain communal situé sur la route
d'Arleux à Hamel. Ce plan ayant reçu son exécution, la
chapelle fut inaugurée avec la plus grande solennité le
lundi 27 mai 1850.

Ledit jour, à onze heures du matin, après le chant du
Veni Creator par M. le doyen d'Arleux, assisté d'un
nombreux clergé, la procession se mit en marche au milieu d'une foule immense.

On vit alors se dérouler un de ces cortéges qu'il n'ap-
partient qu'à la religion seule d'organiser ; foule variée
et pittoresque par la disposition des groupes où tous les
âges, tous les sexes sont représentés ; cortége où l'on voit
de riches bannières de toutes couleurs, qui offrent au loin
un coup-d'œil ravissant, portées par un nombreux essaim
de jeunes filles vêtues de blanc, entourées d'enfants
parfaitement mis et couronnés de fleurs. Au milieu du
clergé brillait, portée par quatre jeunes hommes, la magnifique statue de Saint-Roch, don de Mlle Adèle Cany,
propriétaire. Le cortége était précédé de la musique
d'Arleux, et la haie formée par la compagnie des sapeurs-
pompiers, sous les ordres de M. Jean-Baptiste Merlin,
commandant la garde nationale du canton d'Arleux.

La procession, après avoir parcouru solennellement
les rues du village, est arrivée au milieu de plantations
improvisées, d'arcs-de-triomphe de verdure et d'un che-
min entièrement sablé, à la chapelle de Saint-Roch. Là,
au milieu d'un profond silence, M. l'abbé Duvilliers,
professeur au séminaire de Cambrai, a prononcé avec
talent le panégyrique du saint ; puis, après la bénédiction de la chapelle, le cortége est retourné dans le même
ordre à l'église, où il arriva vers une heure, et la solennité se termina par la bénédiction du Saint-Sacrement.

Douai, ADAM D'AUBERS, imprimeur (1850).

www.ingramcontent.com/pod-product-compliance
Lightning Source LLC
Chambersburg PA
CBHW061813040426
42447CB00011B/2631